QUESTION SOCIALE

ET

LA COLONISATION

CONFÉRENCE

FAITE A LA SOCIÉTÉ PHILOMATHIQUE LE 8 FÉVRIER 1886

PAR

M. FROGER

BORDEAUX

IMPRIMERIE G. GOUNOUILHOU

I — RUE GUIRAUDE — II

1886

LA
QUESTION SOCIALE

ET

LA COLONISATION

CONFÉRENCE

FAITE A LA SOCIÉTÉ PHILOMATHIQUE LE 8 FÉVRIER 1886

PAR

M. FROGER

BORDEAUX

IMPRIMERIE G. GOUNOUILHOU

11 — RUE GUIRAUDE — 11

1886

LA
QUESTION SOCIALE

ET

LA COLONISATION

CONFÉRENCE

FAITE A LA SOCIÉTÉ PHILOMATHIQUE LE 8 FÉVRIER 1886

MESDAMES, MESSIEURS,

Les paroles si gracieuses par lesquelles M. le Président vient de me présenter à vous ne font qu'ajouter à la reconnaissance que je dois déjà à la Société Philomathique. J'avais besoin de ce puissant patronage pour oser aborder, devant une assemblée si éclairée et si nombreuse, un sujet qui a prêté et prête encore à tant de malentendus et à tant de controverses.

Permettez-moi de dissiper d'abord toute équivoque sur l'objet de cette conférence. C'est au point de vue économique, au point de vue de la paix sociale que je veux étudier la question de l'expansion coloniale. La Société française de colonisation dont je ne suis devant vous que le porte-parole, a inscrit en tête de ses statuts un article qui lui fait une obligation de demeurer en dehors des questions de politique journalière, au-dessus des compétitions et des luttes de parti. Je sais que la Société Philomathique est inspirée des mêmes principes; et j'ose dire que c'est par là qu'elle a su coaliser tant de bonnes volontés et conquérir une si grande influence, car, Dieu merci, dans notre France, dès qu'il s'agit de l'intérêt patriotique, dès que les questions s'élèvent au-dessus des compétitions personnelles, toute idée juste et généreuse est sûre de la sympathie de tous.

La question coloniale a, par malheur, servi de tremplin politique. Je voudrais essayer de la ramener sous le point de vue de la paix sociale et de l'intérêt général du pays. Mais la question est si vaste qu'il y aurait folie à prétendre, en une conférence, l'embrasser tout entière, dissiper tous les doutes, réfuter toutes les objections. Je compte donc me borner à l'envisager par un côté. Si je visais au mérite oratoire, je vous présenterais l'expansion de la France au point de vue patriotique; je vous montrerais les autres peuples grandissant autour de nous et essaimant par toutes les parties du monde, tandis que, confinés dans nos limites devenues plus étroites depuis une guerre funeste, nous nous laissons étouffer comme un arbre qui languit sous l'ombre de voisins plus robustes que lui. J'aurais chance d'exciter vos applaudissements en répondant à vos préoccupations intimes et en réveillant en vos âmes tout un monde d'idées et de sentiments. En pareil cas l'orateur est porté par son auditoire. Mais je laisse à dessein la fleur de mon sujet. Mon but n'est point de prêcher à des convertis, mais de dissiper les doutes et les défiances et de vous faire envisager l'expansion coloniale sous un aspect moins propre sans doute à échauffer l'enthousiasme, mais plus propre, en revanche, à y rallier tous ceux que préoccupent l'intérêt du pays et même l'intérêt personnel.

On a dit, Messieurs, que le Français n'était pas colonisateur. Faut-il réfuter cette thèse paradoxale? Comment! le peuple qui le premier, avant que les Portugais et les Espagnols se fussent aventurés en haute mer, avait colonisé la côte d'Afrique, le peuple qui a fait la Louisiane, le Canada, Saint-Domingue, les plus riches des Antilles, n'est pas un peuple colonisateur! A travers quelles difficultés nous avions conquis, défriché, peuplé ces riches contrées, vous le savez, Messieurs. L'abbé Gentil pouvait dire avec vérité que nos colonies des Antilles ressemblaient à une ferme qui serait brûlée tous les trois ans et qu'il faudrait reconstruire après. Les guerres perpétuelles, les absurdités d'un régime colonial qui sacrifiait à l'intérêt de quelques-uns la prospérité de tous, les faiblesses, les trahisons même d'un gouvernement qui se souciait peu que le déluge vint après lui, tout conspirait à la ruine de nos établissements coloniaux, et pourtant il a fallu que les traités arrachés à la faiblesse d'un Louis XV retranchassent du corps national ces membres bien vivants encore par lesquels nous tenions le vieux et le nouveau Monde. Il a fallu qu'un Godeheu envoyât Dupleix répondre à Paris de ce qu'il avait fait dans l'Inde pour la grandeur de sa patrie après que ce grand homme eut montré aux Anglais, qui l'avouent et nous en raillent, comment il fallait s'y prendre pour conquérir et pacifier l'Hindoustan! Et ce qu'il y a de plus admirable, Mesdames et Messieurs, c'est que ces Français abandonnés de la France, oubliés, sacrifiés, trahis, n'ont jamais perdu le souvenir de la mère-patrie. A la Louisiane les habitants se révoltaient pour ne pas laisser amener le pavillon de la France, et le jour où nos alliés d'Espagne à qui nous l'avions cédée eurent conquis, par le supplice des colons les plus patriotes, le droit d'y arborer leur drapeau, l'ancien gouverneur mourut de douleur. Aujourd'hui encore vous savez combien est vivant le souvenir de la France dans ces « quelques arpents de neige » où Montcalm lutta et périt si héroïquement. Quinze cent mille colons de race française y gardent intact l'amour de la mère-patrie. A l'île de France, le jour où le premier journal apporta la nouvelle de la constitution de la Société française de colonisation, la Société cernéenne votait à l'unanimité son adhésion à notre œuvre, et m'adressait la lettre la plus chaleureuse pour nous promettre son concours et la souscription personnelle de ses membres. Je voudrais pouvoir vous lire cette lettre. Dira-t-on que le Français n'est pas colonisateur, puisqu'il n'oublie pas la patrie, puisque les cœurs de nos frères d'outre-mer battent à l'unisson des nôtres? Que ne dites-vous aussi qu'un homme n'est point mûr pour se créer une famille tant qu'il n'a point chassé de son âme l'amour du père et de la mère qui l'ont nourri!

J'entends qu'on nous objecte : « Mais la France n'est plus ce qu'elle fut au xviie et au xviiie siècle. Ces qualités qui firent de nous les meilleurs colonisateurs, nous ne les possédons plus. » Eh quoi! Messieurs, voici un peuple qui depuis deux mille ans, aussi loin que nous pouvons remonter dans notre histoire, a conservé presque intacts, malgré les révolutions et les mélanges de race, les qualités comme les défauts de ses pères, en qui, les uns pour nous rabaisser, les autres pour nous exalter, nos amis et nos adversaires retrouvent le vivant portrait des Celtes et des Ibères, de ces vaillantes gens qui, du cœur de l'Asie mineure aux rives du Pô, dans l'Atlas même peut-être, avaient assis la réputation de la race gauloise; jusqu'au commencement de ce siècle il est demeuré ce qu'il était naguère; puis, un beau jour toutes ces qualités qui font le colonisateur s'évanouissent : puissance d'expansion, énergie, ingéniosité, esprit d'entreprise, faculté de se plier aux climats et aux mœurs des pays les plus divers, de nouer avec les forts comme avec les faibles des relations de sympathie, de tout cela, que nous reste-t-il? rien. Cette transformation subite, sans transition, ne vous semble-t-elle pas absurde? La science sociale, comme la science mathématique, recule devant l'absurde. Elle a le droit d'affirmer *à priori* qu'une telle transformation n'a pas dû se produire.

Mais c'est peu de nier que nos qualités se soient évanouies. Nierons-nous aussi le fait que depuis le commencement du siècle nous n'avons pas colonisé? Il paraît incontestable que do 1789 à 1880 notre expansion coloniale a semblé absolument enrayée.

Un coup d'œil sommaire sur l'histoire nous en dira la cause.

Au xixe siècle, nous colonisions encore; mais nous colonisions la France.

Le xviiie siècle fut pour notre pays une époque de transformation économique. Le système de Law avait bouleversé les fortunes, ruiné quantité de petite noblesse et de bourgeoisie qui ne pouvaient plus trouver en France de quoi satisfaire leurs besoins factices et soutenir leur rang. La rigidité que prenait peu à peu le système des jurandes et des maîtrises empêchait de s'établir nombre d'ouvriers intelligents et capables qui, dans ce cadre inflexible, se trouvaient trop à l'étroit. On commençait à multiplier les machines; le régent fondait la première académie d'arts et métiers. D'autre part, les préjugés contre le prêt à intérêt obligeaient encore les capitaux à s'associer aux entreprises aventureuses; les cadets de famille étaient souvent forcés par les lois de succession de chercher fortune hors du pays. Mais, Messieurs, toutes ces causes sont un faible appoint à une cause plus générale : je veux parler de la substitution de la liberté du commerce intérieur au régime des douanes provinciales. Dès le début du siècle cette transformation commença et se continua, malgré quelques périodes de réaction, jusqu'à la Révolution.

Il est facile de se représenter quelles souffrances dut causer d'abord un pareil changement dans l'assiette économique du pays. Certaine école d'économistes en prend facilement son parti. Elle a constaté que les lois éternelles qui régissent les sociétés devaient amener ce changement tôt ou tard; peu leur importe le reste. Ils ne songent pas que cette matière sur laquelle ils opèrent est vivante, pensante, souffrante et se révolte contre les lois naturelles ou conventionnelles quand ses maux excèdent les limites de la patience humaine. Nos provinces étaient comme autant de bassins juxtaposés où l'on avait depuis des siècles maintenu artificiellement des niveaux différents. La communication ouverte entre eux, un niveau commun s'établit. Mais cela ne se fit pas sans courants, contre-courants, agitations profondes. La matière ainsi bouleversée, c'était l'homme, l'ouvrier, le patron, et l'on pense ce que durent supporter de misère la plupart de nos provinces. Il y eut des révoltes contre Turgot. On n'a voulu y voir que la main de rivaux ambitieux. Eh! non, ceux qui se révoltaient étaient des gens qui souffraient, sans comprendre ou sans admettre qu'on les sacrifiât à l'intérêt général et au profit de leurs descendants.

Les riches vignerons de Veines (en Dauphiné), qui adressaient au roi cette supplique, à la fois touchante et ridicule : « Sire, que Votre Majesté ne permette pas l'entrée de notre canton aux vins de Provence, car les nôtres sont si mauvais que personne n'en voudrait plus boire; » ces braves gens furent ruinés, en effet, le jour où leurs barrières furent rompues. Tel canton de basse Bretagne qui cultivait à grands frais pour ses seigneurs du froment dans de mauvaises terres, dut renoncer à cette culture quand le blé de Normandie arriva sur ses marchés. Le petit chanvre breton céda le pas au chanvre de la Loire, comme celui-ci le cède aujourd'hui au chanvre russe. Les soieries de Tours avaient été ruinées par celles de Lyon. Cela était inévitable; et comme du jour au lendemain on ne transforme pas les cultures sans de gros capitaux et sans un grand travail; comme on n'improvise pas de nouvelles industries et qu'on ne forme pas facilement les ouvriers exercés à un autre apprentissage, la France se trouva couverte de malheureux qui s'étonnaient que leur métier ne les nourrit plus, comme il avait nourri leurs pères.

Bien des causes contribuaient à atténuer ces souffrances. D'abord les périodes de réaction, qui prolongèrent la vie de

certaines industries ; l'état encore embryonnaire de l'organisation industrielle et agricole dans la plupart de nos provinces, car les organismes primitifs sont ceux qui offrent le plus
de résistance aux crises et même à la mort.

Du reste, l'influence d'un pouvoir central modérateur réta-
blissait un peu l'équilibre quand il se rompait trop violem-
ment entre les provinces ; les soulageait de certaines charges,
accordait certains secours, rapportait même les ordonnances.
J'ajouterai que les mœurs de l'aristocratie tendaient à soulager la misère. Le luxe, malgré l'ordonnance de 1759,
comportait toujours un grand nombre de serviteurs entretenus
du gain de ceux à qui profitait la révolution économique.

Ces bénéfices, au surplus, faits par quelques-uns aux
dépens de leurs voisins, ces bénéfices ne sortaient pas du
royaume et, tôt ou tard, d'une manière plus ou moins
détournée, servaient à soulager ceux qui avaient souffert.

Mais un grand nombre de malheureux ne trouvaient de
ressource que dans l'émigration. Ils y étaient menés par ceux
qui, ayant connu une certaine aisance, la richesse même,
avaient contracté des goûts un peu relevés et ne pouvaient se
faire aux privations ni supporter l'affront de leur déchéance
devant ceux dont ils étaient la veille les égaux ou les supé-
rieurs. Nos colonies prospérèrent, se peuplèrent, accrurent leur
production dans des proportions inouïes. Saint-Domingue
devint l'envie de toutes les nations maritimes et l'orgueil de
la France. De cette crise redoutable, de cet excès de misères
sortait une ère nouvelle de prospérité. Hier, en arrivant
dans cette ville que je voyais pour la première fois, j'admi-
rais vos quais, vos cours, le théâtre, les riches hôtels qui
bordent vos rues. Tout cela, m'a-t-on dit, est vieux de plus
d'un siècle. Bordeaux était tel au temps de la Compagnie des
Indes. Faut-il une preuve plus éclatante de la merveilleuse
prospérité qui résultait pour nos colonies et nos places de
commerce de la crise que nous traversions à l'intérieur ?

Disons-le hautement, Messieurs, un peuple ne colonise pas parce que son gouvernement en a décidé ainsi, ne colonise pas parce qu'il le veut; mais il le veut quand sa situation économique lui en fait une nécessité.

Le Français colonisa au xviiie siècle parce qu'il était à l'étroit en France. Il ne le fit pas dans la première moitié du xixe siècle parce qu'il n'en avait pas besoin. Songez que la moitié des terres de France, et des meilleures, immobilisées en biens de mainmorte entre les mains du clergé et de la noblesse, avaient été, dès 1789, rejetées dans la circulation nationale. Il y avait de la terre pour tous. Une ère de prospérité industrielle sans exemple suivit. En quelques années, le nombre des machines fit plus que décupler. La France avait pris dans la civilisation une telle avance sur les nations voisines, qu'elle devint bientôt, avec l'Angleterre, le fournisseur de presque toute l'Europe et de la plupart des États d'Asie et d'Amérique. Il y avait en France de l'emploi pour toutes les activités, un placement pour tous les capitaux. Or, ce n'est pas seulement chez le Français que l'amour naturel du sol natal, de la famille crie à celui qui veut partir : « Demeure auprès des tiens! sur cette terre dont les moindres coins te sont connus et te sont chers! » C'est là un sentiment universel; on ne quitte son pays que pour trouver sous un autre ciel la satisfaction de besoins qui font taire l'amour du pays. Pourquoi nos ouvriers eussent-ils émigré, quand ils trouvaient mieux et plus en France que tout ce que leur offraient l'étranger ou les colonies? Quelques crises passagères furent suivies presque immédiatement d'un regain de prospérité. Les économistes s'empressèrent de déclarer que l'émigration des ouvriers sans travail était funeste; car, faute d'un peu de patience, leurs bras manqueraient au pays à la reprise des affaires. Oui, sans doute; mais quand les affaires ne reprennent pas?...

Car j'en viens à présent, Mesdames et Messieurs, à la

deuxième partie de cette conférence. Ne vous semblais-je pas, tout à l'heure, lorsque je déroulais à vos yeux le tableau de la crise économique du xviiie siècle, vous peindre la situation actuelle? Les causes, les résultats sont les mêmes, en effet; mais avec une gravité plus grande, sur laquelle il ne faut pas se lasser d'insister. Autrefois, la transformation économique s'accomplissait dans les limites de la France; c'était entre compatriotes, entre frères que nous luttions pour l'existence, et les victimes du combat étaient en droit d'espérer que les vainqueurs les relèveraient et leur tendraient une main secourable. Mais aujourd'hui? Il y a longtemps que tous les esprits sages prévoyaient que l'application sans réserve du système de libre-échange amènerait quelque jour une crise bien plus grave que toutes celles d'autrefois; bien plus grave, dis-je, car pour en atténuer les effets il n'y aurait plus ni pouvoir central modérateur, ni fraternité nationale, ni communauté fondamentale des intérêts. Nous avons oublié que si les diverses parties d'une nation ne forment qu'un même être, les peuples sont des unités bien distinctes et souvent ennemies. Ils vivent entre eux à l'état sauvage, appliquant sans réserve le principe de « *chacun pour soi* ». Nous avons dit, écrit et chanté : « Les peuples sont pour nous des frères! » Et ces peuples nous ont traités en ennemis!

Après avoir employé cent ans à faire de la France un vaste atelier de fournitures pour l'étranger, nous avons eu la générosité un peu folle d'apprendre aux autres à se passer de nous. Nous avons convié tous les peuples à venir étudier dans nos expositions universelles notre industrie, nos procédés, notre outillage. Comment n'auraient-ils pas profité de nos leçons? Notez, Messieurs, que je ne critique point cette générosité qui nous est naturelle. On peut, sans doute, se demander s'il était possible de donner à nos voisins les goûts d'une civilisation raffinée sans leur donner aussi l'envie et les moyens de satisfaire ces goûts sans secours extérieurs.

C'est ainsi que celles de nos industries qui ne travaillaient guère que pour l'étranger se sont trouvées ruinées sans retour le jour où l'étranger a commencé à se fournir lui-même des objets que nous lui donnions. Il était sûr qu'un jour ou l'autre, les Suédois qui nous envoyaient leurs bois à ouvrer et nous les rachetaient à l'état de boiseries comprendraient qu'ils avaient tout avantage à les ouvrer eux-mêmes sur les pentes où le bûcheron les abat, en remplaçant la force coûteuse de la vapeur par la force gratuite de leurs puissantes chutes d'eau! Le jour où ils se sont dit cela, une de nos industries est tombée, et chaque jour une autre succombe, et les ouvriers autrefois drainés dans les villes par l'appât des gros salaires regardent vers les champs d'où ils étaient venus. Beaucoup même y retournent; Paris a perdu en un an près de 100,000 habitants; plus de 40,000 logements y restent sans locataires. Saint-Étienne, dont le prodigieux développement rappelait la croissance des villes américaines, voit sa population diminuer à vue d'œil. L'ouvrier, l'artisan sans travail veut retourner aux champs. Il sait bien qu'il ne s'agit pas à l'heure actuelle d'un simple chômage; mais les champs n'ont plus de travail pour lui. Tandis que nos villes industrielles se vident, nos villes des régions agricoles voient affluer au contraire les émigrants des campagnes; car la crise de l'agriculture, ne vous y trompez pas, Messieurs, est plus cruelle et plus grave que la crise de l'industrie. La concurrence étrangère complète l'œuvre du phylloxera et achève la ruine de nos campagnes. Nos 20 millions d'agriculteurs qui naguère encore s'enrichissaient à cultiver la terre, en sont réduits à la laisser en friche quand ils y ont enfoui les derniers restes du capital amassé dans les années meilleures. Que vous dirai-je des souffrances des viticulteurs que vous ne sachiez mieux que moi? La France en est réduite à importer des vins étrangers pour sa consommation, à tromper par des combinaisons qui ne relèvent que de la chimie l'habitude que les consom-

mateurs avaient prise de boire du vin. Les betteraves qui ont
enrichi nos provinces du Nord, aujourd'hui dans un sol
épuisé par une culture intensive, ne donnent plus ce qu'elles
donnaient naguère. Ni le cultivateur, ni le fabricant ne peuvent lutter contre les producteurs rivaux de la Bavière et de
l'Allemagne, qui, dans des terres toutes neuves, récoltent
des racines plus riches et disposent d'un outillage perfec-
tionné. La découverte de l'aniline a ruiné la culture de la
garance. Le lin et les chanvres de Russie remplacent sur les
marchés le lin et le chanvre français. Le blé enfin, et toutes
les céréales, cette culture primordiale à laquelle s'em-
ployaient les deux tiers de nos agriculteurs, ne paient plus le
paysan de ses débours et de ses peines. Les blés d'Amérique
nous arrivent en France à un prix si bas que nul cultivateur
ne peut en supporter la concurrence. Ici, j'entends dans les
régions les plus fertiles, dans celles où les grandes plaines
permettent l'emploi général des machines, où la terre donne
un rendement de 30 hectolitres à l'hectare comme dans le
Nord, dans la Beauce, le quintal de froment coûte plus de
27 fr. au producteur. Eh bien! à Chicago l'encombrement des
blés est tel qu'on le donne au tiers de ce prix. Dans les ports,
la crise sur les transports est telle, que les bateaux anglais
nous apportent ce blé pour un fret dérisoire. On en cite qui
s'en sont chargés gratuitement pour ne point revenir sur lest.
Aussi tel département, comme l'Aisne, compte des centaines
de fermes abandonnées. La crise agricole sévit avec d'autant
plus d'intensité dans nos provinces que l'agriculture y est
plus avancée. Le gros fermier de Beauce qui sait, calcule,
raisonne, prévoit la ruine et ne loue plus la terre. Quant au
journalier qu'il employait, sans travail, sans réserves, il vient
assiéger de ses plaintes et de sa misère les villes où il sait
trouver un bureau de bienfaisance.

Dans notre Bretagne même où la culture est morcelée
presque à l'excès, où le paysan ignorant, d'une sobriété

proverbiale, n'a point encore pris les goûts de bien-être qui redoublent les souffrances et les privations des agriculteurs du centre, du Nord et du Midi. Dans cette Bretagne où la journée d'un homme se paie encore de 15 à 18 sous, où le goëmon récolté sur les rochers de la côte donne un engrais gratuit au paysan, eh bien! le blé, l'avoine, coûtent plus cher qu'ils ne se vendent. Le fermier va jusqu'à la ruine, sans trop se rendre compte dans son ignorance du résultat certain de cette lutte que les privations qu'il accepte ne prolongeront que de quelques jours. On lui dit : cultivez avec les procédés modernes. Achetez une charrue à vapeur! La charrue à vapeur sur des fermes de cent écus! la charrue à vapeur qui trace son sillon dans les vastes plaines d'Amérique, sur les pentes ravinées de nos coteaux de granit! quelle amère dérision! On nous dit encore : élevez du bétail. Mais pour élever du bétail il faut des capitaux; il faut des prairies. Toutes les terres ne donnent pas, quand on les arrose, de l'herbe, mais souvent du jonc. Et puis, quand le bétail se sera multiplié, le prix de vente baissera, car l'offre dépassera la demande. Et puis, raison plus grave, quand nous aurions partout remplacé les céréales par les pâturages, il faudra sur les fermes dix personnes, dix bergers, où l'on emploie aujourd'hui vingt laboureurs. Que deviendront les dix autres?

Je vous trace un tableau bien sombre. Mais, hélas! Messieurs, je n'en charge point les couleurs. Je ne dis pas tout, j'abrége, et pourtant il faut ajouter encore que déjà le bétail étranger arrive sur nos marchés, que le mouton de la Nouvelle-Zélande, conservé par le froid, se vend à Londres, se vend au Havre; que le mouton allemand se vend à Paris. La viande conservée des bœufs innombrables de l'Amérique nous arrivait déjà par milliers de boîtes. Aujourd'hui elle nous est importée fraîche. Tel éleveur achète une bête maigre au prix de 75 francs les 100 kilos et n'en trouve pas 65 francs après l'avoir engraissée. L'éleveur comme le cultivateur se ruine. Les propriétaires, accoutumés à grossir à chaque bail le prix de leurs fermages quand les paysans se disputaient aux enchères la location des champs, en sont réduits à les cultiver eux-mêmes, s'y ruinant à leur tour, par ignorance d'abord, et par impuissance aussi de lutter contre la concurrence de l'étranger.

Mais, du moins, cette crise sera peut-être passagère? La France a traversé bien d'autres épreuves et en est sortie plus puissante et plus riche. Messieurs, à quoi bon se bercer d'illusions? La crise que nous traversons, presque toute l'Europe en souffre, et cette crise n'est qu'à son début. L'Australie soutient l'Amérique. Les blés de l'Inde n'attendent, pour inonder nos marchés, que l'achèvement du réseau des chemins de fer de l'Inde, et peut-être demain arriveront-ils à pleins wagons jusque dans les ports d'Asie mineure.

Je ne suis point pourtant de ces pessimistes qui nous jugent perdus sans ressource, et font tranquillement, au coin de leur feu, leur deuil des maux présents et des maux à venir de la patrie. Je suis d'avis que l'on cherche des remèdes, qu'on lutte avec persévérance. Mais ce n'est pas dans les droits protecteurs que nous trouverons ce remède. Ce n'est pas un droit de 3 francs sur le blé, de 15 francs par tête de bétail qui mettra nos producteurs en mesure de lutter contre l'étranger. Fermerons-nous nos frontières? Élèverons-nous nos tarifs jusqu'à les rendre prohibitifs? Mais alors, l'étranger qui souffre aussi, l'étranger usera de représailles. Hier la Roumanie, dont nous refusions les blés, nous fermait son marché. Aujourd'hui c'est l'Autriche qui nous menace d'une pareille mesure. Demain... Et d'ailleurs nous sommes tenus par les traités désastreux qui ont plus fait pour notre ruine que les milliards qu'il a fallu verser aux Allemands. L'argent perdu se regagne par le travail; mais le vainqueur impitoyable voulait nous mettre hors d'état d'en regagner!

La crise aura une fin sans doute. Je sais bien qu'il viendra un jour où l'équilibre se rétablira entre la production et la consommation; où les ouvriers d'une industrie disparue se seront trouvé un autre gagne-pain; où l'extrême misère aura obligé les plus fiers à renoncer pour toujours à leurs habitudes de luxe, de bien-être, à ce qui constituait dans notre société la dignité de leur état. Les plus pauvres, les moins bien armés pour la lutte de l'existence auront été éliminés par l'évolution naturelle de la société. J'emploie à dessein, Messieurs, ces termes d'une science impassible, car on ne peut sans frémir se représenter ce qu'implique de souffrances, ce qu'implique de révoltes, cette redoutable évolution. Un homme seul qui a faim, meurt en son coin, en silence; mille hommes qui ont faim ensemble, se ruent sûrement à l'attaque de ceux qui ont encore du pain.

A un mal si profond quel remède trouvera-t-on, Messieurs? J'en vois un immédiatement applicable : l'expansion coloniale. Non pas que je le donne comme une panacée; non sans doute, ce ne peut être qu'un palliatif, qu'un dérivatif; mais combien de fois le médecin facilite-t-il la guérison en adoucissant seulement les souffrances?

Au xviiie siècle dont je vous citais l'exemple tout à l'heure, les hommes d'État avaient parfaitement conscience de la nécessité où l'on se trouvait de faire des colonies un déversoir pour ce trop plein de population pauvre qui menaçait la paix sociale. M. de Kersaint écrivait à M. de La Galissonnière, gouverneur du Canada : « La France est à l'étroit pour la révolution qui se prépare; quand je veux changer d'habit, il me faut place à me retourner. »

Quand Turgot disait à Louis XVI : « Sire, c'est dans les Indes qu'est le salut de votre royaume, » il n'entendait pas seulement que les colonies rendraient quelques ressources au Trésor, mais que la révolution que chacun prévoyait en serait reculée.

Et la Révolution ne fit qu'enraciner cette idée dans l'esprit de Talleyrand qui, en l'an V, dans un mémoire aux Directeurs sur les avantages à retirer des colonies, écrivait : « Si la révolution d'Amérique n'a pas laissé plus de traces, c'est que le besoin d'agitation a pu se satisfaire dans un pays vaste et nouveau où une immense quantité de terres incultes donnait à tous la faculté d'aller employer leur activité loin du théâtre des premières agitations... Les États politiques devraient toujours tenir en réserve les moyens de placer utilement hors de leur enceinte cette surabondance de citoyens qui, de temps en temps, dans leur misère menacent la tranquillité. »

Du reste, n'avons-nous pas l'exemple si frappant de l'Angleterre. Voilà un pays qui ne conserve la paix dans l'État que par une sorte de miracle permanent! Là, point de milieu entre le luxe et la misère, entre les fortunes les plus exubérantes et la plus extrême pauvreté; les lois mêmes semblent combinées pour grossir sans mesure les richesses des riches et immobiliser le sol entre les mains d'un petit nombre de grands seigneurs qui se fortifient de la substance d'un peuple entier. Au commencement de ce siècle, l'Angleterre était à la veille d'un cataclysme social. Comment l'a-t-elle évité? En ouvrant ses colonies de peuplement à sa population pauvre. En 1815 une loi de Georges IV autorisait les paroisses à consacrer une part de leurs revenus à établir sur les colonies les pauvres de leur ressort. En dix ans l'émigration monte de 15,000 à 70,000 personnes. Plus de quatre cent mille Anglais quittent maintenant chaque année l'Angleterre sans esprit de retour! La crise n'est-elle pour cela qu'ajournée? On peut le croire. Mais l'Angleterre a vécu tout un siècle, siècle qui eût suffi largement aux réformes qui eussent prévenu le retour du mal.

Je ne veux point m'appesantir sur ces conclusions, Mesdames et Messieurs : de tout ce que nous avons dit, vous les avez tirées vous-mêmes. C'est aux colonies qu'il faut placer ces milliers d'agriculteurs ruinés, ces milliers d'ouvriers sans travail, ces milliers de fils de famille qui, désespérant aujourd'hui d'obtenir de l'État un emploi misérable où ils consument leur activité, leur intelligence à gratter du papier ou à timbrer des lettres, repoussés par le commerce, par l'industrie qui restreignent le nombre de leurs commis, s'aigrissent contre cette société où ils croyaient avoir conquis une place distinguée et des droits à vivre bourgeoisement le jour où leur fut conféré leur diplôme de fin d'études. Ce sont là, ne vous y trompez pas, Messieurs, les chefs d'une révolte possible qu'il faudrait être bien optimiste de parti pris pour ne pas sentir fermenter sourdement. C'est parmi ces déclassés que se recrutent les plus redoutables ennemis que la société moderne ait à craindre. Eh bien ! d'un élément de dissolution sociale il faut faire une force pour le pays, un élément de progrès et de grandeur pour la patrie. Cette activité, cette intelligence, ces énergies sans emploi peuvent, si nous le voulons, pour leur bien et pour le nôtre, porter la civilisation dans les pays nouveaux, ouvrir des débouchés à notre industrie, à notre commerce, implanter la race française sur cette terre d'Afrique et dans ces mondes nouveaux où nous laissons l'étranger marcher sur les traces de nos pionniers.

Comment pouvons-nous admettre que les Allemands, comme cet oiseau qui dépose ses œufs dans le nid des autres, soient les seuls à exploiter notre Cochinchine? Comment pouvons-nous entendre sans rougir que Tahiti manquant de bras quand nous en avons tant d'inoccupés en France, on songe à y importer des Portugais! Comment souffrons-nous que sur des terres vendues aux enchères en Algérie, le Trésor, pour un gain insignifiant, laisse établir des ouvriers italiens et espagnols, alors que nos bureaux ne répondent même pas aux milliers de vignerons qui sollicitent comme une grâce la concession de quelques hectares pour reprendre leur culture à l'abri du fléau qui les a ruinés dans nos départements du Midi !

Si la France ne peut plus d'ici quelques années produire son vin, produire son blé, ne vaut-il pas mieux acheter ce blé et ce vin en Algérie, cette autre France, que de nous reconnaître tributaires de l'étranger?

Au mal dont nous souffrons, au mal qui nous menace, Messieurs, le vrai remède, vous le voyez, est dans l'expansion coloniale. Il faut amorcer, diriger un courant d'émigration vers nos colonies; le diriger surtout, car il se forme de lui-même. Vers le Canada, vers le Chili, vers la République Argentine, des milliers de travailleurs recrutés par les agences vont déjà porter leur activité, leur intelligence et les restes de leur capital; ils enrichissent ces pays qui seront demain nos rivaux dans la lutte économique, et ils nous appauvrissent en partant, car l'industrie est un capital, et l'étranger sait faire un choix parmi nos émigrants. Il n'accepte que ceux qui peuvent apporter de l'argent. Ces émigrants d'élite il faut les diriger, les établir sur nos colonies. Ils y voudraient bien aller si seulement on les leur voulait ouvrir, si on faisait pour eux la centième partie de ce que font les étrangers pour les attirer.

Messieurs, c'est par millions que les États d'Amérique, que les colonies anglaises comptent les subventions accordées au service d'immigration. Je veux vous citer un chiffre instructif. Il y avait en France au budget des colonies une somme de 40,000 francs pour ce chapitre. On l'a trouvée trop forte, on l'a réduite à 27,000 francs! Cela se passe de commentaires!

Et cela m'amène à vous demander : qui sera chargé de provoquer, de guider, de protéger l'émigration, puisqu'elle nous apparaît comme nécessaire? — Sera-ce à l'*État* que nous nous adresserons?

Je sais que chez nous il est trop habituel de se tourner vers l'État, d'invoquer son secours, son action dans tous les périls, dans tous les besoins. Avouons pourtant que, pour l'office particulier dont il s'agit, l'État, avec des finances obérées, ne saurait suffire. Je dirai plus, l'État en pareille matière fait mal ce qu'il fait, et le fait trop chèrement. Je n'accuse point, Messieurs, je constate, et j'explique.

J'ai appris moi-même par expérience combien il est difficile à la bonne volonté la plus active d'un ministre de vaincre l'indifférence, de secouer la torpeur des bureaux qui doivent exécuter ses ordres. Quoi qu'on dise et quoi qu'on fasse, le fonctionnaire, qui serait blâmé s'il prenait sous sa responsabilité la moindre mesure, se croit quitte, et largement, quand il a accompli ponctuellement les ordres qui lui ont été donnés. J'ai vu des émigrants quitter Paris avec une concession de terres signée du ministre, je les ai vus arriver dans nos ports avec la lettre officielle qui leur accordait le passage gratuit, et cependant ne pas partir, et venir avec leur famille mendier le secours des sociétés charitables, car on avait oublié d'avertir le capitaine du transport qu'il devait se charger de ces nouveaux passagers. Comment en serait-il autrement ? L'impulsion primitive se perd dans la multiplicité et la complication des organes de transmission. Dans cette lourde machine presque toute la force initiale est absorbée en frottements et en à-coups. Cela est si vrai que les erreurs et les fautes tant reprochées à notre politique coloniale d'autrefois se renouvellent encore chaque jour. Vous vous souvenez de cette déplorable expédition du Kourou qui a laissé une si funèbre mémoire ; vous vous êtes demandé par quelle insigne folie on avait jeté en pleine forêt inondée les vingt mille émigrants que l'on n'avait pourvus ni d'outils, ni de vivres, ni de logements, mais qui menaient avec eux un théâtre ! Eh bien ! écoutez ce qui se passait hier.

Quand on voulut créer un grand centre de colonisation à Monidou en Calédonie, on y envoya d'abord une commission, un ingénieur, un architecte. On fit des plans fort beaux sur le papier. Une vaste place où devait s'élever un somptueux hôtel de la municipalité future. En face, un théâtre ;

on discuta longuement sur le nombre des places; on s'arrêta
à un projet grandiose. Il faut bâtir pour l'avenir, ainsi fai-
saient les Romains. Puis quand cela fut fait, on y envoya un
géomètre, on lui bâtit une maison. Le géomètre traça des
rues, allotit les terrains, demanda des ouvriers. On lui envoya
une vingtaine de transportés, les transportés s'évadèrent, le
géomètre revint à Nouméa en donner avis et ne retourna
plus à Monidou. Aujourd'hui, de l'établissement il reste les
murs ruinés de sa maisonnette, et tout un atlas de plans
magnifiques. Coût : 72,000 francs!

Cela fait sourire, Messieurs! Mais songez que cet argent eût
suffi à transporter et à établir sur cette terre dans de bonnes
conditions de succès une vingtaine de pauvres familles qui y
eussent trouvé le bien-être au lieu de la misère, qui y eussent
formé le centre de la cité future. Les hommes en se réunissant
font une ville; des maisons et des monuments sans habitants,
à quoi bon? Telle fut toujours, en Algérie comme ailleurs,
notre colonisation officielle. Il faut dire hautement que
l'œuvre accomplie en Algérie est la preuve la plus éclatante
de nos facultés colonisatrices; mais c'est parce que nous y
avons implanté la race française malgré les hésitations, les
faiblesses, les tracasseries, les fautes sans nombre d'un régime
qui eût découragé toute autre race, qui eût ruiné toute
colonie au lieu d'en entraver seulement le développement.

Vous comprenez que ma situation particulière m'empêche-
rait, à défaut d'autre raison, de rechercher un succès trop
facile en vous citant cent anecdotes qui montrent ce que peuvent attendre de protection à l'étranger et aux colonies ceux
de nos compatriotes qui vont tenter la fortune outre-mer. Je
suis bien sûr que dans cette grande place maritime chacun
de vous a sur les lèvres vingt exemples à citer... Je passe
donc et tiens pour acquis à la cause que l'initiative privée
s'entendrait mieux à étudier les aptitudes des émigrants, à
les diriger vers les colonies où ils auraient le plus de chances

à prospérer, leur en voudrait moins de leurs faiblesses, de leurs fautes, de leurs découragements, les prendrait enfin, sans rougir d'eux, pour ce qu'ils sont pour la plupart, déclassés, pauvres gens, paysans, ouvriers, parlant mal, médiocrement au courant des usages du monde, avec lesquels un grand nombre de fonctionnaires hésiteraient à se commettre. L'action automatique d'une administration n'a jamais remplacé, pour la bienfaisance, la souplesse de dévouement de la charité privée, et c'est d'un acte de bienfaisance sociale qu'il s'agit.

Ce qu'il faudrait, c'est une société puissante qui pût mettre au service de l'action publique des milliers de fonctionnaires gratuits, employant pour une œuvre patriotique un temps, un dévouement que l'État ne pourrait payer. Ce qu'il faudrait, c'est une alliance intime de tant de patriotes dévoués qui voient le mal et le remède au mal dont souffre la France, et s'associeraient pour éclairer les malheureux qui ne trouvent plus dans le pays l'emploi de leur activité ou de leur intelligence, pour les diriger vers nos colonies, pour les guider et les soutenir. Ce qu'il faudrait, c'est une coalition de toutes les forces de la bienfaisance. Que d'argent distribué en pure perte, sou par sou, aux malheureux sans faire autre chose que de prolonger leur misère! Cet argent employé par petites sommes sur un terrain dont les déshérités de la mère patrie deviendraient propriétaires, ne les mettrait-il pas pour l'avenir en mesure de gagner leur pain, de se créer peut-être une situation aisée, de soutenir à leur tour des frères plus malheureux, d'accroître la force et les ressources du pays pour lequel ils sont une charge aujourd'hui et seront peut-être un danger demain! L'État va dépenser des millions pour déporter les récidivistes. Il dépense des millions pour constituer propriétaires les transportés en cours de peine à la Guyane et en Calédonie. Il y aurait une œuvre meilleure à faire : ce serait de prévenir les crimes et les récidivistes en donnant avant la faute cette propriété moralisatrice sur laquelle on compte pour régénérer les coupables. Il y aurait une œuvre plus équitable, ce serait de traiter les honnêtes gens sans ressource avec autant de générosité que les criminels de droit commun.

Tout cela, Mesdames et Messieurs, à moins de verser dans un socialisme d'État, impossible et ruineux, il n'y a qu'une Société privée qui puisse le tenter et faire un appel entendu à toutes les bonnes volontés en dehors de la politique de parti, qui ait la force morale nécessaire pour faire entendre aux Chambres et aux Ministres le vœu unanime de la nation au milieu des préoccupations de la tactique parlementaire.

Eh bien ! cette Société existe ; et c'est en son nom que j'ai l'honneur de parler aujourd'hui. Elle existe et peut se flatter d'être celle qui répond au besoin public, car le succès qui l'a accueillie dès sa naissance est la marque la plus certaine qu'elle venait à l'heure propice. La Société française de colonisation ne date pas de deux années et demie : c'est le 30 octobre 1883 que la première réunion de ses sociétaires la déclara constituée à Brest, tout au bout de la France, et dans la ville où peut-être elle pouvait rencontrer le moins de sympathie, avoir le moins de chances de succès. Je sens que je vous étonne, Messieurs ; mais, pour bien des raisons, l'officier de marine, témoin habituel de la prospérité coloniale de l'Angleterre, de l'infériorité où un déplorable système d'administration a longtemps tenu nos établissements d'outre-mer, l'officier ne croit pas aux colonies. En outre, il n'en sent pas le besoin. Demandez à un artilleur, à un officier du génie quel est l'idéal de la place de guerre. Il vous répondra sûrement : Un camp retranché assez loin de tout groupe de population civile, pour que le soin de nourrir des bouches inutiles, de protéger des marchands, de couvrir des établissements industriels ne préoccupe point la défense. Des remparts, des canons, des casemates, des soldats ! voilà l'idéal de la ville forte. Eh bien! pour le marin, l'idéal de la colonie, c'est une station navale avec un bon mouillage, du charbon, des vivres frais et un minimum de colons qui n'immobilisent pas nos vaisseaux, pour les protéger ou les défendre. Les exceptions sont nombreuses, je le sais bien, mais il n'en est pas moins sûr que j'attends un accueil plus sympathique des armateurs bordelais. Ce fut bien timidement, je vous l'avoue, que moi, très inconnu et presque étranger à la ville, je glissai la première idée de notre Société. Le courage et la confiance me vinrent vite. Je ne portai point l'idée; elle me porta. Avant un mois nous étions plusieurs centaines : les personnages les plus considérables de la marine, de l'administration, de la municipalité, du commerce avaient accepté de recommander de leur nom l'œuvre naissante. J'osai tenter la fortune à Paris. Le premier journaliste à qui je pus parler, M. Sarcey, à qui je me plais à rendre ici un témoignage public de reconnaissance, développa nos plans dans le *XIXe Siècle,* dans deux articles successifs qui furent lus par toute la France. Les lettres d'adhésion commencèrent d'affluer. Vingt grands journaux de toutes opinions : la *Gazette de France* avec le *Temps,* la *République* et le *Petit Journal* avec le *Clairon* et le *Moniteur* accueillirent avec la même faveur la Société naissante. Bientôt le centre de la Société fut porté de Brest à Paris. Que vous dirai-je, Messieurs? Aujourd'hui plus de cent sénateurs ou députés se sont associés à notre œuvre. Aujourd'hui nous comptons 800 membres; nous avons en France et aux colonies près de trente sections organisées ou en voie d'organisation. Enfin, ce qui est l'essentiel, la pierre de touche du succès, nous avons pu commencer à agir.

La première chose à faire, c'était d'instruire les Français des ressources que leur pouvaient offrir nos colonies trop ignorées; c'était aussi de préserver les émigrants des entreprises aventureuses et folles où leur ignorance, et celle de bien des gens qui se sont donné mission de guider le sens public, n'eussent pas manqué de les entraîner. A Bordeaux, où vous êtes en relations constantes avec tous les pays du monde, vous ne vous figurez guère à quel degré d'ignorance en sont réduits sur les questions de géographie la plupart de nos ouvriers, disons même de nos bourgeois du centre. C'est leur rendre un grand service que de les éclairer sur ce point. Il y a quelques mois, je me trouvais à Paris, aux bureaux de notre Société. Entre un monsieur, très convenablement vêtu ; nous pensions qu'il venait souscrire comme sociétaire. Il venait solliciter notre appui pour obtenir le droit de s'établir à Obock. « Je suis, dit-il, jardinier-pépiniériste. J'ai lu dans le *Temps* (et c'était vrai) que les légumes viennent admirablement à Obock et s'exportent de là à Aden. Les Anglais, sur leur roc pelé, en meurent, parait-il, de jalousie. J'ai une dizaine de milliers de francs qui ne me rendent point de service en France, je..... » Nous l'arrêtâmes ; nous le dirigeâmes sur Tunis. Sans nous, ce malheureux, victime de l'ignorance, allait perdre son argent, la vie peut-être dans les sables de la côte de la mer Rouge. S'il n'était pas mort, il serait revenu découragé, exaspéré en proportion des espérances qu'il avait conçues, et il aurait crié aux autres : N'émigrez pas ! souffrez plutôt de la faim en France. Les colonies ! c'est la ruine et la mort presque sûrement !

Eh ! non, Messieurs. Mais il faut chercher dans chaque colonie ce qu'elle peut donner. Envoyer des négociants au Choa, des ingénieurs et des chefs industriels au Tonkin, des cultivateurs en Algérie, en Tunisie et dans les îles océaniennes. Expédier à l'aveugle, que dis-je, recruter officiellement des laboureurs pour le delta du fleuve Rouge, jeter ces misérables journaliers au milieu d'une population exubérante qui vit d'un peu de riz et de poisson, qui travaille pour quelques sapèques, sous un soleil de feu, dans la vase et l'eau des rizières, c'était une de ces folies qu'on qualifierait de criminelles si l'on ne savait que ces ordres-là se font tout seuls, sans réflexion, dans les officines où se noircit le papier administratif.

Notre Société a créé, sous le nom de *Répertoire du travail colonial*, un véritable bureau de placement gratuit pour les ouvriers de la métropole qui demandent à s'employer aux colonies. Tenus au courant par nos sections de Nouméa, de Tunis, de Constantine, de la Réunion, de Tahiti, des demandes d'ouvriers de profession, de commis, de cultivateurs, émanant des Français déjà établis, nous proposons ces places à ceux qui manquent d'ouvrage en France. S'ils veulent partir, bien renseignés sur les ressources du pays où ils vont, ils trouveront en arrivant les conseils et l'appui de nos sections locales. Près de deux cents personnes ont déjà, grâce à ce moyen si simple, trouvé outre-mer un emploi qui eût été à leur défaut rempli par des étrangers.

Pour les cultivateurs, nous avons obtenu de l'État, dont la bienveillance nous a soutenus jusqu'ici, le passage gratuit, ou sous réserve du remboursement de la ration, sur les transports de la marine. Les grandes Compagnies de navigation, les Compagnies de chemins de fer nous ont accordé la réduction à demi-tarif pour nos émigrants. Sur un domaine de 10,000 hectares qui nous a été donné aux Nouvelles-Hébrides par la Société calédonienne désireuse de voir établis sur ce sol fertile quelques centaines de colons français, au jour prochain où un congrès européen devra régler toutes ces questions pendantes en Océanie, aux Hébrides comme aux Marianes, aux Carolines et aux Tongas, sur ce domaine nous avons déjà constitué propriétaires une centaine de colons dont chacun emporte avec soi un capital de 1,500 à 2,000 francs. Ce sera le noyau d'un groupe de villages prospères, nous en avons la ferme espérance, car les émigrants, dont le premier convoi partait naguère de votre port sur le

Tamaris, sont des hommes choisis accoutumés à la culture, et le capital qu'ils emportent leur permettra de triompher sans trop de peine des premières difficultés du défrichement.

10,000 hectares, c'est peu! Les Nouvelles-Hébrides, c'est bien loin! Sans doute! mais c'est un commencement. Nous espérons obtenir le droit d'émettre une loterie qui nous permettra d'acheter des terres à Alger, à Tunis, ces vieux greniers de Rome. D'autres combinaisons nous mettront bientôt, je l'espère, en mesure de placer, aux portes de la France, nos colons comme fermiers ou comme propriétaires. M. Krantz, sénateur, le Dr Wickham, l'amiral Bourgeois ont étudié et mûri un plan que nous allons reprendre aujourd'hui que notre Société s'est développée davantage. On fonderait une Société civile, par actions de cent francs, sans parts d'intérêts garanties, tant que les bénéfices n'atteindraient pas une certaine somme. Cette Société achèterait des terres et y établirait nos colons soit comme fermiers sous le régime du domaine congéable, merveilleux instrument pour défricher un pays et attacher le colon au sol dont il devient copropriétaire, soit même en mettant le cultivateur directement et immédiatement en possession du fonds et du tréfonds, selon le système qui a si bien réussi aux Américains. Au Brésil, des propriétaires ruinés par le manque de bras ont imaginé ceci : ils ont divisé leur terre en damier. Toutes les cases noires, ils les ont gratuitement concédées; toutes les cases blanches, ils les ont conservées, et la plus-value bientôt acquise par ces parcelles encadrées par des terres mises en valeur où la main-d'œuvre abondait, ont largement remboursé les propriétaires fonciers du sacrifice qu'ils avaient consenti. C'est ainsi que les États-Unis et que le Canada subventionnent les Compagnies qui ouvrent des voies ferrées à travers les déserts de l'ouest. Il y a là une combinaison pratique que nous comptons prochainement appliquer.

Enfin, nous avons sollicité le concours et l'appui des

bureaux de bienfaisance et des sociétés charitables qui, en s'associant pour faire de l'établissement des pauvres aux colonies un moyen normal de bienfaisance, pourraient donner à la colonisation cette impulsion merveilleuse qu'une action semblable lui donna en Angleterre. Déjà plus de vingt villes ont répondu favorablement à notre appel. Boulogne, Angoulême, Rennes, Brest, Morlaix, etc.; mais entre toutes, Bordeaux s'est distingué par l'énergie de l'appui qu'il nous a assuré et par la sympathie qu'il a témoignée à notre œuvre.

Ce n'est pas tout, nous avons publié des notices commerciales; nous en préparons de nouvelles. Nous avons accordé notre aide aux commerçants qui voulaient aller faire connaître à l'étranger les produits de notre industrie. Au Sénégal, au Tonkin, au Cambodge, je sais aujourd'hui des jeunes gens qui, envoyés par nous, ont placé à grand profit leurs pacotilles et pris d'importantes commissions pour des maisons françaises auxquelles ils conquièrent dans ces pays nouveaux des débouchés puisque les pays du vieux monde non seulement se fournissent eux-mêmes, mais bien plus inondent notre marché de leurs produits.

C'est du point de vue le plus haut, sous son aspect le plus large, que nous envisageons l'expansion coloniale. Commerce, industrie, agriculture, administration même, chacun de nos comités régionaux peut s'attacher à ce qui importe le plus à la région où il se crée. Si le Havre et Rouen secourent surtout les voyageurs de commerce, Lyon, Reims, Rennes chercheront à placer leurs laboureurs ruinés.

Nos sections, tout en étant autonomes au point de vue de leur action propre et de leur organisation intime, ressortissent néanmoins au centre commun de Paris, afin de concerter leur action quand besoin est et de multiplier leurs ressources et leur influence.

Voilà ce que nous avons fait malgré des difficultés sans nombre, malgré la période électorale, qui a imposé silence à notre propagande; malgré la mort de M. About, notre premier président. C'est peu sans doute auprès de ce qu'il y a à faire. Nous avons enregistré plus de 30,000 demandes d'émigration, et pourtant Dieu m'est témoin que nous ne les avons pas sollicitées. Loin de là; nous nous sommes abstenus prudemment de porter la Société dans les grandes villes encombrées d'ouvriers sans travail, où nous eussions excité des désirs, des espérances, que nous n'eussions pu satisfaire faute de ressources. Mais aujourd'hui nous entrons, avec M. le sénateur Milhet-Fontarabie pour président, dans une période nouvelle de développement. Je compte que des sections nouvelles, autonomes, s'organisant elles-mêmes, selon l'article de nos statuts, de manière à s'accommoder le mieux possible à l'esprit de la région où doit s'opérer leur action, aux besoins des émigrants qu'il s'agit d'éclairer et de soutenir, viendront s'agréger à notre Société.

Bordeaux, par sa situation privilégiée, par la connaissance qu'on y a des besoins de nos colonies, est sûrement le centre désigné par avance d'où une œuvre pareille devra rayonner sur tout le sud-ouest de la France. Nous comptons ici des amis dévoués, des propagateurs enthousiastes de la Société française de colonisation, et j'ai bon espoir que leur dévouement sera payé d'un prompt et éclatant succès. Le Bureau de bienfaisance de votre ville a bien voulu s'associer à notre entreprise en attribuant le revenu d'un legs de 40,000 francs à l'établissement des émigrants bordelais que notre Société dirigera vers les colonies. C'est une raison de plus pour moi de désirer qu'il s'établisse en cette ville un Comité qui puisse étudier les besoins et les chances de succès de ceux qui demanderont à profiter de ce secours. J'ai confiance que nos amis réussiront ici comme nous avons réussi à Rouen, au Havre, à Rennes, à Boulogne, dans vingt autres villes. L'accueil que j'ai reçu partout depuis deux jours, la bienveillante attention même que vous m'avez prêtée et dont je vous remercie, tout m'en est témoin. Puissent mes paroles faciliter leur œuvre et disposer les cœurs à seconder leur entreprise. La cause que je soutiens est juste, et c'est sur la vérité et la justice que je compte pour en assurer le succès.

J'aurais voulu ici pouvoir laisser la parole à un orateur véritable qui pût enlever vos âmes et conquérir vos cœurs comme vos esprits. Cet effort d'éloquence, je ne l'essaierai même pas. « Il ne faut point forcer son talent ! » dit le proverbe ; je suis professeur, et le vieil homme reparait toujours sous le conférencier. Mais si j'ai été assez heureux pour faire passer dans vos esprits quelque chose de la conviction qui m'anime, je suis sûr que le jour où dans cette ville un Comité se formera pour réaliser notre œuvre, pour appliquer nos idées, alors, Mesdames et Messieurs, vous céderez à ce sentiment bien français qui veut que nous fassions passer dans le domaine des faits ce que nous approuvons en théorie ; vous voudrez lutter avec nous contre un péril public qui réclame tout le monde à la défense ; vous prendrez comme nous pour devise le mot d'un grand homme d'État dont tous les partis ont pu tour à tour accepter les leçons ; le mot de Thiers, qui disait : « Si nous voulons conserver nos institutions sociales, il n'est qu'un moyen : Colonisons ! »

www.ingramcontent.com/pod-product-compliance
Lightning Source LLC
Chambersburg PA
CBHW061727060726
47597CB00006B/2603